T0136827

Líderes de gobierno

de antes y de hoy

Lisa Zamosky

Créditos de publicación

Rachelle Cracchiolo, M.S.Ed., *Editora comercial*

Conni Medina, M.A.Ed., *Gerente editorial*

Emily R. Smith, M.A.Ed., *Realizadora de la serie*

Robin Erickson, *Directora de arte*

Caroline Gasca, M.S.Ed, *Editora superior*

Sam Morales, M.A., *Editor asociado*

Torrey Maloof, *Editora asistente*

Jill Malcolm, *Diseñadora gráfica básica*

Library of Congress Cataloging-in-Publication Data

Names: Zamosky, Lisa, author.
Title: Lideres de gobierno de antes y de hoy / Lisa Zamosky.
Other titles: Government leaders then and now. Spanish
Description: Huntington Beach : Teacher Created Materials, 2018. | Includes
  index. |
Identifiers: LCCN 2018022165 (print) | LCCN 2018024301 (ebook) | ISBN
  9781642901283 (ebook) | ISBN 9781642901122 (pbk.)
Subjects: LCSH: Political leadership--United States--Juvenile literature. |
  United States--Politics and government--Decision making--Juvenile
  literature.
Classification: LCC JK1726 (ebook) | LCC JK1726 .Z3618 2018 (print) | DDC
  320.473--dc23
LC record available at https://lccn.loc.gov/2018022165

Teacher Created Materials

5301 Oceanus Drive
Huntington Beach, CA 92649
www.tcmpub.com

ISBN 978-1-6429-0112-2

© 2019 Teacher Created Materials, Inc.
Printed in China
Nordica.092018.CA21801136

Contenido

El gobierno

Las personas que hacen leyes y resuelven problemas forman un **gobierno**. Hay líderes de gobierno en todo el mundo. Pueden trabajar para ayudar a todo un país. O pueden trabajar para un estado o para una ciudad. Estos líderes ayudan a administrar nuestras **comunidades**.

Washington D. C. es el centro de nuestro gobierno.

En este país elegimos a nuestros líderes con el voto. Cada **ciudadano** a partir de los 18 años puede votar. Somos afortunados. Algunas personas en el mundo no tienen esa opción.

◀ Esta pareja vota a principios del siglo XX.

El presidente

Washington D. C. es una ciudad en Estados Unidos. También es la **capital**. Muchos líderes importantes viven y trabajan allí.

El **presidente** es nuestro líder más importante. Gobierna todo el país. Vive en la Casa Blanca. El presidente trabaja mucho para que las cosas sean justas para todos. Y también se asegura de que se obedezcan las leyes del país. Los ciudadanos de Estados Unidos votan para elegir un nuevo presidente cada cuatro años.

⬇ El presidente de Estados Unidos vive en la Casa Blanca.

Un nombre para la capital

Washington D. C. fue nombrada en honor a George Washington. Él fue el primer presidente de Estados Unidos.

Una idea brillante

Un hombre llamado Alexander Hamilton tuvo una gran idea. Quería construir una ciudad capital. Allí sería donde todos los líderes podrían trabajar. Su idea se convirtió en Washington D. C.

🔺 Alexander Hamilton

El Congreso

El **Congreso** es una parte del gobierno. Las personas en el Congreso hacen leyes para el país. Y trabajan junto con el presidente.

El **Senado** es una parte del Congreso. Tiene 100 miembros. Son dos por cada estado. El vicepresidente de Estados Unidos es el presidente del Senado. Vota leyes si hay empate.

🔺 Este es el salón donde se reúne el Senado.

¡Dos días!

Rebecca Felton fue la primera mujer en ser senadora en Estados Unidos. ¡Pero solo estuvo en su cargo por dos días! Luego la reemplazó un nuevo senador.

La **Cámara de Representantes** es la otra parte del Congreso. Es mucho más numerosa. Tiene 435 miembros. La cantidad de miembros por cada estado es diferente. Los estados con más personas tienen más miembros.

El Congreso trabaja en el ➡ edificio del Capitolio.

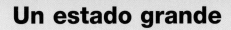

◀ La Cámara de Representantes se reúne en este salón.

Un estado grande

California tiene la mayor cantidad de miembros en la Cámara de Representantes. La razón es que allí viven más personas que en ningún otro estado.

Los jueces se sientan frente de lo tribunales.

Los jueces

Los **jueces** tienen una tarea importante. Los jueces deben decidir qué significan las leyes. Deben entender la **Constitución** de Estados Unidos. Las leyes deben seguir lo que dice la Constitución.

A veces las personas no se ponen de acuerdo sobre ciertas cosas. Entonces van a los tribunales. Un juez resuelve su caso. Las personas deben hacer lo que dice el juez.

Los jueces están en todos los niveles de gobierno. Trabajan para ciudades, estados y el país. El tribunal más alto se llama Corte Suprema.

El primero en el estrado

Thurgood Marshall fue el primer afroamericano que sirvió en la Corte Suprema.

⬇ Este es el edificio de la Corte Suprema.

Justicia femenina

Sandra Day O'Connor fue la primera mujer en la Corte Suprema. Sirvió por 24 años.

El gobernador de Texas
vive en esta casa.

Los gobernadores

El **gobernador** es el líder de un estado. Los
gobernadores se aseguran de que se sigan las leyes de sus
estados. Para esto trabajan con otros miembros de los
gobiernos de los estados. Cada estado tiene su Congreso.
Los congresos de los estados ayudan a los gobernadores a
tomar grandes decisiones.

Los gobernadores de los estados tienen que
cumplir determinadas tareas. Trabajan para ayudar
a sus ciudadanos. Los estados recaudan impuestos y
construyen caminos. Trabajan con las empresas locales.
Los gobernadores ayudan a planificar para sus estados.

Un gobernador es como un presidente. Solo que está
a cargo de un estado y no de un país. Los gobernadores
aprenden a ser buenos líderes. Algunos gobernadores han
llegado a ser presidentes de Estados Unidos.

¿Qué hay en un nombre?

En Alemania el jefe del país se llama canciller. Pero el líder de Puerto Rico se llama gobernador. Y el líder de Gran Bretaña se llama primer ministro.

⬆ Estos hombres fueron líderes de Rusia y Alemania.

¿Estrella de cine o gobernador?

California es famoso por sus estrellas de cine. Pero ¿una estrella de cine como gobernador? ¡Ya ha habido dos! Ronald Reagan y Arnold Schwarzenegger fueron alguna vez estrellas de cine. El señor Reagan llegó a ser presidente de Estados Unidos.

el presidente Ronald Reagan ➡

13

▲ El presidente George W. Bush se reúne con el gobernador y el alcalde de Nueva York.

Los alcaldes

El **alcalde** es el líder de una ciudad o de un pueblo. Para algunas ciudades es una tarea muy grande. La ciudad de Nueva York tiene más de 8 millones de personas. Pero hay algunos pueblos pequeños con tan solo algunos centenares de personas. Es la tarea del alcalde ocuparse de estos ciudadanos.

Los alcaldes trabajan con otros líderes. Su labor es ayudar a que la ciudad esté bien administrada. Tienen que decidir de qué manera la ciudad gastará dinero. Esto se llama **presupuesto**.

Los alcaldes trabajan con planes a largo plazo. De esta manera se podrá cuidar de la ciudad durante años. También deben resolver problemas a diario. Esto puede incluir que la basura se recoja a tiempo.

Tragedia

Rudy Giuliani fue alcalde de la ciudad de Nueva York. En septiembre de 2001 Nueva York fue atacada por terroristas. El señor Giuliani ayudó a la ciudad a recuperarse.

Un alcalde bachiller

En 2005, Michael Sessions fue elegido nuevo alcalde de Hillsdale, Míchigan. En ese entonces era solo un estudiante del último año de bachillerato. ¡Ganó la elección por solo dos votos!

⬆ Michael Sessions jura como alcalde.

El concejo municipal

También hay **concejos** municipales. Un concejo es un grupo de personas. Hacen leyes para su comunidad. Trabajan junto con el alcalde. Juntos ayudan a que sus ciudades y pueblos sean lugares ideales para vivir.

Estos concejos llevan a cabo reuniones. Allí debaten problemas. Los ciudadanos pueden asistir a estas reuniones. El concejo atenderá las preocupaciones de las personas. De esa manera pueden resolver los problemas que puedan tener las personas.

⬇ una reunión en Virginia en 1619

una reunión de ➡
concejo municipal
en 1959

🔼 una reunión de junta escolar en
Los Ángeles

Líderes escolares

La mayoría de los distritos
escolares tienen una junta
escolar. Estas personas se
reúnen con los ciudadanos
y los líderes escolares.
Establecen todas las normas
para tu escuela. ¡Hasta
pueden decirle a tu director o
directora qué debe hacer!

Asociaciones de propietarios (HOAs)

Algunas comunidades tienen asociaciones de propietarios. Se conocen
como HOAs, por sus siglas en inglés. Es un grupo de personas que viven
en un vecindario. Las HOAs hacen normas para los vecindarios.

◀ Esta es una boleta electoral de 1960.

🔺 Este hombre revisa los registros de los votantes.

Elecciones

Votamos para elegir a la mayoría de nuestros líderes de gobierno. Esto significa que son **elegidos** para el cargo. Los votantes deciden quién ganará las elecciones. Por eso es tan importante que las personas voten. Votan por la persona que ellos piensan hará la mejor tarea.

Las personas solían votar llenando trozos de papel. Depositaban los papeles en una caja. Ahora hay más formas de votar. Puedes votar por correo. O en algunos lugares hay máquinas de votación que son computadoras.

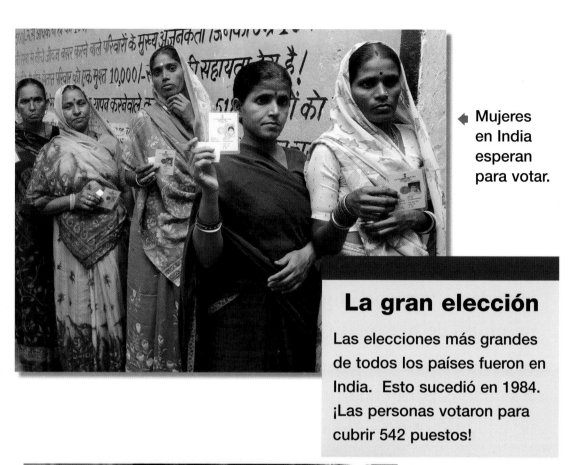

Mujeres en India esperan para votar.

La gran elección

Las elecciones más grandes de todos los países fueron en India. Esto sucedió en 1984. ¡Las personas votaron para cubrir 542 puestos!

Mandatos largos

En Italia los ciudadanos votan para elegir un nuevo presidente cada siete años.

Este niño ayuda a su padre a votar en Italia.

Elegir líderes

Hay algunos líderes de gobierno que no son electos. En cambio, son **nombrados**. Esto significa que se los convoca para hacer ciertas tareas. Los alcaldes y los gobernadores nombran personas para los puestos.

El presidente también nombra personas. Nombra a los jueces para que trabajen en la Corte Suprema. El presidente también elige su **gabinete**. El gabinete es un grupo de personas que ayudan a administrar el país. El presidente elige las personas que cree serán más adecuadas para cada puesto. Pero el Congreso debe estar de acuerdo con su elección.

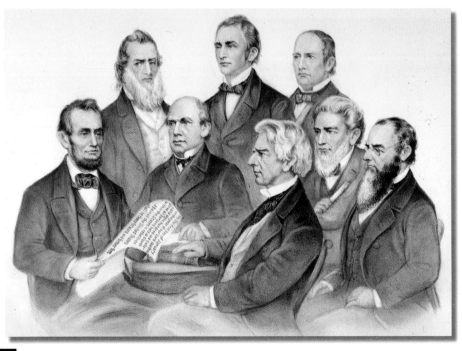

◀ El presidente Abraham Lincoln se reúne con los miembros de su gabinete.

Miembros del gabinete

Hay 15 personas en el gabinete del presidente. Estos hombres y mujeres están a cargo de muchas partes del gobierno. Administran parques y escuelas. Trabajan con otros países. Ayudan a defender el país contra los ataques. Y nos mantienen saludables y seguros.

🔺 Cada uno de estos puestos es parte del gabinete del presidente.

Marcar la diferencia

Hay muchas clases de puestos en el gobierno. Estos líderes tratan de hacer que nuestra vida sea mejor. Ayudan a resolver problemas. Tratan de que nuestro país sea justo y seguro. Lo logran aprobando leyes que nos ayudan. Luego se aseguran de que esas leyes sean cumplidas.

⬆ Un grupo de niños marcha en un desfile del Cuatro de Julio.

▲ Estas personas ovacionan después de que su gobernador pronuncia un discurso.

Ser líder de gobierno es mucho trabajo. Estos líderes deben ser buenos modelos. Y deben tomar decisiones adecuadas. Los líderes de gobierno ayudan a que nuestro país y nuestras comunidades sean lugares ideales para vivir.

Un día en la vida de antes
Jeannette Rankin (1880–1973)

Jeannette Rankin tuvo muchos puestos durante su vida. Fue maestra y trabajadora social. También luchó por la paz y por los derechos de las mujeres. Pero su puesto más importante fue como líder de gobierno. Decidió ser candidata al Congreso. Muchas personas votaron por ella. Fue la primera mujer elegida para la Cámara de Representantes.

Imaginemos que le hacemos a Jeannette Rankin algunas preguntas sobre su trabajo.

¿Por qué decidió ser candidata al Congreso?

Quería marcar la diferencia en nuestro país. Pienso que las mujeres deben ser activas en el gobierno. La mitad de las personas en este país son mujeres. Así qué, ¿no debería la mitad de los miembros del gobierno ser mujeres? ¡Creo que debe ser así!

¿Cómo es un día en su vida?

Mi día es muy atareado. Voy a muchas reuniones. Paso mucho tiempo en el recinto de la cámara. Allí es donde todos nos reunimos en un gran grupo.

¿Qué es lo que más le gusta de su trabajo?

Ser una mujer congresista es un trabajo importante. Trato de asegurarme de que nuestro país tome decisiones correctas. Me gusta poder ser parte de las decisiones importantes. Espero que más mujeres lleguen a ser líderes de gobierno. Las necesitamos para que representen a las mujeres de nuestro país.

Este es el salón ➡ donde se reúne la Cámara de Representantes

Herramientas del oficio de antes

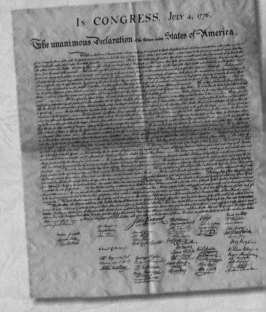

◀ Esta es la Constitución de Estados Unidos. Dice cómo administrar el gobierno. Los líderes deben seguir estas normas.

Esta es la Declaración de Independencia. Fue escrita en 1776. Esta herramienta permitió que Estados Unidos fuera su propio país. ▶

◀ Estas mujeres votaron en una elección hace mucho tiempo. Escribieron sus votos en trozos de papel. Luego colocaron los papeles en la urna. Alguien contó los votos a mano.

Herramientas del oficio de hoy

El teléfono es una herramienta que usan muchos líderes de los gobiernos locales. Llaman a las personas a su casa. Y les cuentan a las personas sobre sus objetivos como líderes. Esto puede ayudarlos a ganar votos.

Esto es una boleta electoral. Hoy las personas votan de diferentes formas. Algunas personas votan desde su casa. Otras usan una computadora. En algunos pequeños pueblos las personas todavía usan boletas electorales.

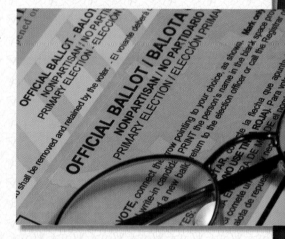

Estas personas están esperando escuchar un discurso. Los discursos siempre han sido herramientas importantes. Así es como las personas escuchan lo que un líder de gobierno planea hacer. Hoy los discursos son por radio y televisión. De esta manera los pueden escuchar muchas personas.

Un día en la vida de hoy

Tony Kawashima

Tony Kawashima es un miembro del concejo municipal de una ciudad llamada Tustin. Ha hecho muchas cosas en el gobierno de la ciudad. ¡Hasta ha sido el alcalde! El concejal Kawashima es un miembro activo de su comunidad. Hace mucho trabajo voluntario. Está casado y tiene dos hijos adolescentes.

¿Por qué decidió ser candidato para el concejo municipal?

Todos debemos dar a nuestra comunidad. Hay muchos lugares donde puedes ayudar. Puede ser en tu escuela, en tu iglesia o en tu club de servicio. Mi esposa y yo siempre hemos ayudado con las actividades escolares de nuestros dos hijos. Después vino la posibilidad de ser candidato a un puesto en el concejo municipal. Fue emocionante poder marcar una diferencia para toda una ciudad.

¿Cómo es un día en su vida?

Me reúno con personas y empresarios que tienen preocupaciones. Vienen a verme para pedir consejo y ayuda. Asisto a las reuniones del concejo municipal dos veces al mes. Debo leer muchos informes para prepararme para las reuniones. De esta manera puedo tomar buenas decisiones. También asisto a eventos especiales. A menudo logro hablar con estudiantes en las escuelas.

¿Qué es lo que más le gusta de su trabajo?

Me gusta ayudar a otras personas. Me alegra saber que siempre he ayudado a alguien. También disfruto ir a las escuelas y hablar sobre la ciudad de Tustin.

⬆ Kawashima delante del gran hangar de aviones en Tustin.

Glosario

alcalde: el líder de una ciudad o de un pueblo

Cámara de Representantes: una parte del Congreso de Estados Unidos con base en la población

capital: la ciudad desde donde se ejerce el gobierno

ciudadano: una persona que vive en una ciudad o en un pueblo, y que tiene el derecho a voto

comunidades: personas que viven en las mismas zonas

concejos: el grupo más importante de las ciudades

Congreso: la parte del gobierno de Estados Unidos que hace leyes para el país

Constitución: las leyes de Estados Unidos

elegidos: escogidos por el voto para un puesto

gabinete: las personas que trabajan para ayudar al presidente a conducir el país

gobernador: el líder de un estado

gobierno: las personas y entidades que gobiernan un país, estado o ciudad

jueces: funcionarios públicos que escuchan y resuelven casos de justicia

nombrados: convocados para cumplir una tarea

presidente: el líder del país

presupuesto: un plan para usar dinero

Senado: una parte del Congreso de Estados Unidos; dos senadores por estado

Índice

Créditos

Agradecimientos

Un agradecimiento especial a Tony Kawashima y a la ciudad de Tustin por proveer la entrevista para "Un día en la vida de hoy". El Sr. Kawashima es un miembro del concejo municipal de Tustin, California.

Créditos de imágenes

portada Luke Frazza/AFP/Getty Images; pág.1 Luke Frazza/AFP/Getty Images; pág.4 The Library of Congress; pág.5 The Library of Congress; pág.6 Photos.com; pág.7 (superior) The Library of Congress; pág.7 (superior) Hemera Technologies, Inc.; pág.7 (inferior) The Library of Congress; pág.8 (superior) U.S. Senate Historical Office; pág.8 (inferior) The Library of Congress; pág.9 (superior) Photos. com; pág.9 (centro) U.S. Senate Historical Office; pág.9 (inferior izquierda) Cartesia; pág.9 (inferior derecha) Hemera Technologies, Inc; pág.10 iStockphoto. com/Frances Twitty; pág.11 (superior) The Library of Congress; pág.11 (inferior) Photos.com; pág.12 Jim Steinhart/travelphotobase.com; pág.13 (superior) MarcusBrandt/AFP/Getty Images; pág.13 (inferior) The National Archives; pág.14 Paul J.Richards/AFP/Getty Images; pág.15 (superior) Jed Jacobsohn/Getty Images; pág.15 (inferior) Bill Pugliano/Getty Images; pág.16 The Granger Collection, New York; pág.17 (superior) Ed Clark/Time Life Pictures/Getty Images; pág.17 (inferior) J. Emilio Flores/Getty Images; pág.18 (izquierda) Lisa McDonald/BigStockPhoto; pág.18 (derecha) The National Archives; pág.19 (superior) STR/AFP/Getty Images; pág.19 (inferior) Andreas Solaro/AFP/Getty Images; pág.20 The Granger Collection, New York; pág.21 Teacher Created Materials; pág.22 iStockphoto.com/Stefan Klein; pág.23 HumbyValdes/Shutterstock, Inc.; pág.24 The Library of Congress; pág.25 The Library of Congress; pág.26 (superior) The National Archives; pág.26 (centro) Historical Documents Co.; pág.26 (inferior) The Library of Congress; pág.27 (superior) János Gehring/Shutterstock, Inc.; pág.27 (centro) Stephen Coburn, Shutterstock, Inc.; pág.27 (inferior) Ryan Photo Studio/Shutterstock, Inc.; pág.28 Cortesía de Tony Kawashima; pág.29 Cortesía de Tony Kawashima; portada trasera The Library of Congress